Pas de baiser pour Maman

Tomi Ungerer

Pas de baiser pour Maman

l'école des loisirs
11, rue de Sèvres, Paris 6e

ISBN 978-2-211-20213-8

Adaptation française : Adolphe Chagot

*Loi n° 49.956 du 16 juillet 1949 sur les publications
destinées à la jeunesse : mars 2008
Dépôt légal : février 2011
Imprimé en France par l'imprimerie Clerc
à Saint-Amand-Montrond*

Chapitre 1

C'est le matin, très tôt. Dans son lit chaud et douillet, plongé dans un profond sommeil, Jo rêve qu'il pourchasse des souris dans une pâtisserie.

Son réveil n'a pas fonctionné car, hier soir, Jo l'a démonté. Il voulait voir à quoi ressemblent les secondes, les minutes et les heures.

«Ce réveil en est plein» pensait-il. «Je ne peux entendre que leur tic-tac; je veux voir comment elles le font.»

Alors il a pris sa torche, s'est glissé dans la cuisine, il a saisi l'ouvre-boîtes de sa mère, et, en suivant bien le bord, il a découpé le réveil et soulevé le fond avec une fourchette. Le ressort a sauté avec un bruit sec et s'est enroulé sur le nez du curieux.

Furieux, Jo a jeté par la fenêtre la carcasse inerte du réveil, ainsi que la torche et l'ouvre-boîtes. Le tout a atterri bruyamment, sept étages plus bas.

– Ça leur apprendra !

C'est donc maintenant le matin. La mère de Jo, Madame Chattemite, n'a pas besoin de réveil. Elle se lève tous les jours à la même heure, sauf le dimanche où toute la famille déjeune au lit. Elle pense à Jo. « Comme il dort bien ! » se dit-elle. « Il va être en retard pour déjeuner. Je préfère aller le sortir doucement du lit, le cher petit. »

Elle pénètre sur la pointe des pieds dans la chambre de son fils.

– Il est temps de se lever ! dit-elle.

Jo n'entend pas. Dans son rêve, il vient juste de coincer une souris rousse entre deux pièces montées.

La mère reprend :

– Il est temps de se lever, mon petit chou au miel.

Et elle se penche pour déposer un baiser sur l'oreille de son rejeton.

Et c'est cela qui sort Jo du lit. Il a horreur d'être embrassé, et c'est bien la chose la plus ennuyeuse du monde que de l'être au milieu d'un rêve captivant.

Soufflant et crachant, il bondit hors du lit, et, tout en grognant, il file comme une flèche à la salle de bains.

Jo ne se lave pas : il déteste ça. Il n'aime pas non plus se brosser les dents. Quand il pénètre dans la salle de bains, vite, il tourne le verrou pour que sa mère n'entre pas. Il fait couler l'eau et mouille son gant de toilette ; puis il frotte sa brosse à dents sur le rebord du lavabo

pour le cas où « la mère fouineuse » serait à l'écoute.

Alors, pendant un moment, c'est pour lui la belle vie, avec quelques bandes dessinées tout humides qu'il garde cachées derrière la baignoire.

Pendant ce temps, dans la chambre de Jo, Madame Chattemite prépare les vêtements qu'elle a lavés et repassés la veille au soir. Ça non plus, Jo n'aime pas ! Il préférerait choisir lui-même ses affaires.

– J'ai l'air de sortir d'un catalogue, dit-il, net, propre, impeccable, comme un bon petit minet de carte postale.

Et, chaque matin, avec une rage nouvelle, il froisse et chiffonne ses vêtements dès que sa mère a le dos tourné.

– Le déjeuner est prêt, chéri ! annonce la voix maternelle pour la huitième ou dixième fois.

Le père Matou est déjà assis, et ce n'est pas bon signe !

– Viens et assieds-toi, mon doux trésor, dit Madame Chattemite.

SCHNAPS

– Prends un peu de ce pâté de souris, de ces filets de hareng, et de cette friture de gésiers de pinson. Je les ai préparés exprès pour toi, mon chéri.

– Ne me chéris pas tant, Maman, l'interrompt Jo, ça me coupe l'appétit ! Je ne suis pas non plus *ton petit chou au miel.* On m'aurait éjecté de l'équipe si je jouais comme un chéri ou si je ressemblais à un petit chou au miel. Et puis, j'ai l'honneur de te faire savoir, chère Maman, que les choux au miel, ça n'existe pas. Va demander à Monsieur Massepain, le boulanger ; il s'y connaît en gâteaux. Les choux au miel, ça n'existe pas !

– Tu prends plaisir à me faire de la peine, dit Madame Chattemite entre deux reniflements. Un de ces jours, quand je serai partie pour de bon, tu regretteras mes bons petits plats. Tu resteras tout seul au monde, sans personne pour t'aimer et t'embrasser, personne pour préparer tes repas et remettre tes affaires en ordre.

– Je voudrais bien voir ça ! Je ne suis pas un bébé, dit Jo en ricanant. Et je serai très heureux sans toutes ces manières.

Madame Chattemite est au bord des larmes.

– Cesse de me parler ainsi, gémit-elle. Chaque mot est comme un clou

enfoncé dans mon cercueil! Quand je pense à tous les petits chats mourant de faim dans ce monde et grelottant dans quelque ruelle déserte, mon cœur se serre de tristesse.

Monsieur Matou parle peu. Le plus souvent, il ne dit même rien du tout, surtout pendant les repas.

– Maintenant, ça suffit! ordonne-t-il soudain à Jo. Arrête tes sottises et plus un mot! Les fessées ça existe, et tu le sais très bien, Monsieur le Rouspéteur. Et si tu en doutes, ma canne va te le rappeler, elle s'y connaît en corrections!

Maintenant on fait silence autour de la table. Jo, les oreilles rabattues, cache son museau dans son bol.

– C'est l'heure de partir, dit son père, qui est contremaître dans une

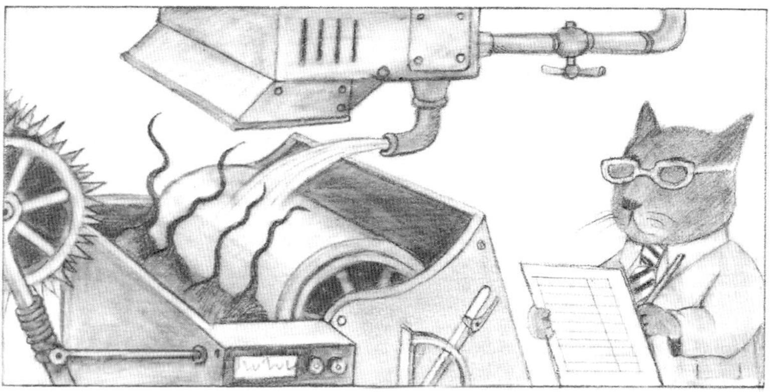

usine de rat en conserve. Aujourd'hui, c'est moi qui te conduis à l'école.

Le père et le fils se lèvent et enfilent leur pardessus. La mère embrasse son fils en lui disant au revoir. Jo fait une grimace et s'essuie la joue.

– Et toi? demande le père, tu n'embrasses pas ta mère pour lui dire au revoir?

– Jamais! répond Jo, sauf en cas d'accident!

Ils prennent l'ascenseur. Dans la rue, en voyant sa voiture, Monsieur Matou devient rouge de colère. Le pare-brise est cassé!

– Ma voiture, ma belle voiture, dit-il en suffoquant. Regarde ce que ces sales voyous lui ont fait!

– Regarde-moi ça ! poursuit-il en montrant du doigt un objet qui traîne dans le ruisseau. Ils ont essayé de forcer la serrure de ma voiture avec un ouvre-boîtes.

Jo monte en voiture sans rien dire. Il n'a pas fait son travail à la maison et il ne peut pas manquer l'école maintenant que son père l'y conduit.

– Pourquoi toutes ces histoires avec ta mère, ces jours-ci ? demande le père après quelques tours de roues.

– Elle me traite comme un bébé, dit Jo. Elle me ferait porter des couches si elle le pouvait !

– Certaines mères sont ainsi faites, explique son père. On n'y peut rien. Ma mère était comme ça, et la mère de mon père aussi. Écoute, tu devrais être gentil avec elle. À propos, si un jour tu veux que je te fabrique des étagères pour la salle de bains, dis-le-moi. Ça vaudrait mieux que de laisser tes lectures moisir sous la baignoire. Quand j'avais ton âge, je faisais comme toi. Je ne me brossais jamais les dents. Ha ! Ha ! Je trompais

tout le monde, sauf le dentiste, en frottant ma brosse à dents sur le rebord du lavabo. Il me semble entendre encore dans mes dents creuses l'écho du bruit que ça faisait. Bon ! Nous y voici, mon garçon. Ne m'embrasse pas, et bonne journée !

Jo descend et, d'un signe de patte, dit au revoir à son père.

« Pas facile à rouler, le vieux chat ! » pense-t-il. Jo a du remords pour le pare-brise.

Chapitre 2

À l'école, Jo est connu comme un chahuteur. Il est le meneur de sa classe. Il est très calé pour faire des farces.

Il répand du poil à gratter, de la poudre à éternuer, remplit le sac du professeur d'araignées vivantes (de grosses noires) et verse de la colle liquide dans le cou des filles.

Son casier est un arsenal de pétards de contrebande, de crécelles, de bombes fumigènes, d'attrape-nigauds, de sarbacanes, bref, de tout ce qui peut déranger la classe.

Jusqu'à présent, ses notes sont bonnes. Il a un esprit alerte : il sait s'en servir. Quand il a pu éviter de faire son travail à la maison, ce qui arrive assez souvent, il

se débrouille pour se faire vider de la classe avant la correction des devoirs, et il dit aux copains : « Mieux vaut avoir de mauvaises notes en conduite qu'en travail. »

Pour aujourd'hui, il avait prévu de lancer une bombe fumigène. Mais les paroles de son père et les dégâts du pare-brise l'ont ramené à la raison. Il est si calme, il se tient si bien, que son professeur, Mademoiselle Ronronnette, demande :

– Est-il arrivé quelque chose à notre boute-en-train ? Si tu en as besoin, Jo, je te permets d'aller voir l'infirmière.

Mais, de la tête, Jo fait signe que ce n'est pas nécessaire.

À la récréation, les amis de Jo font cercle autour de lui.

– Ça ne va pas ?

– Tu es malade, ou quoi ?

– Qu'est-ce qui t'arrive ?

– J'ai la nausée des baisers, dit-il.

– Des baisers ?

– De qui ?

– Dis-nous tout.

– Est-ce Loulou ?

– Ou Mimi Lachatte ?

– Ou Mademoiselle Ronronnette ?

Et cela déclenche une tempête de rires.

– Qui sait ? ajoute Max, le costaud de la classe, c'est peut-être bien la Directrice.

Jo ne peut en entendre davantage. Il frappe Max à l'œil gauche et lui décoche un direct du droit.

En un clin d'œil les deux chats roulent à terre, soufflant, frappant, mordant, griffant, pour la plus grande joie

des jeunes spectateurs qui se divisent en deux clans et ouvrent les paris.

– Vas-y, Max, embrasse-le !

– Allez, Jo, cogne sous la ceinture !

La pluie tombe et les deux combattants deviennent deux blocs de boue. La récréation prend fin. Les deux chats sont à peine reconnaissables. Max a l'œil gauche complètement fermé et l'oreille gauche de Jo est à moitié arrachée. Il saigne comme un bœuf.

En voyant les deux adversaires en sang, Mademoiselle Ronronnette s'exclame :

– Il me semble qu'il reste encore une oreille à notre maître clown pour entendre et suivre le conseil que voici : va tout de suite à l'infirmerie. Max t'y accompagnera.

Les deux garçons sortent sans un mot.

– Tu parles d'un carnage ! Tiens, prends un cigare, tu en as besoin ! dit Max en sortant un mégot de cigare et un briquet.

C'est un Corona, je l'ai ramassé la nuit dernière devant l'Opéra.

Et tous les deux redevenus amis s'accordent le temps d'une pause pour se refaire le moral dans un nuage de fumée.

Le passage à l'infirmerie n'est pas une partie de plaisir. L'oreille de Jo doit être recousue et remise en place. L'infirmière, Mademoiselle Picure, n'a pas ce qu'on appelle un abord aimable (comme Maman). Elle utilise de l'alcool à 90°

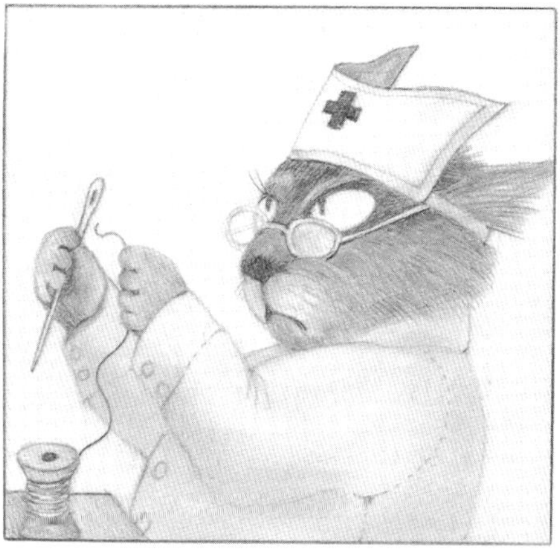

au lieu de mercurochrome, et ça, bon sang de sort, ça fait vraiment mal !

– Je te connais, espèce de crapule, dit-elle, en choisissant la plus grosse aiguille qu'elle peut trouver. Je sais que c'est toi, innommable démon, qui as introduit une couleuvre dans mon cabinet. Eh bien, maintenant, je vais avoir le plaisir de te recoudre complètement l'oreille.

Des hurlements de douleur couvrent sa voix. Quand la suture est finie, Mademoiselle Picure enroule un énorme pansement autour de la tête de Jo.

– Voilà, Jo ! avec un ruban rouge et une branche de houx, tu auras tout à fait l'air d'un cadeau de Noël, dit-elle, moqueuse, pendant que sortent les deux blessés.

– Elle est complètement tordue, la mère Picure ! dit Max avec pitié. Tu devrais en parler à ta mère.

– Ma mère ? dit Jo. Elle ferait un foin dont tu n'as pas idée ! Ça serait pire que toutes les plaintes du monde entier. J'espère bien que personne ne m'a entendu crier !

Chapitre 3

C'est aujourd'hui le jour où Madame Chattemite fait ses courses.

«Je prendrai mon fils à l'école et je l'emmènerai déjeuner au restaurant» pense-t-elle en se préparant. «Il y a comme plat du jour, chez Zeldina, des tripes de taupe en cocotte, et c'est le plat favori de mon Jo. »

Madame Chattemite aime sortir son fils et se pavaner avec lui. Le restaurant de Zeldina est le meilleur de la ville et Jo y reçoit les égards et les parts copieuses qui conviennent au jeune prince que sa mère voit en lui. Elle et Zeldina sont bonnes amies ; elles jouent au bridge chaque mercredi soir et appartiennent au même Club de Dames.

Il est maintenant midi et Madame Chattemite attend impatiemment la sortie de son fils.

Elle a mis sa robe cerise, avec chapeau et sac assortis : c'est la couleur que Jo préfère.

La cloche sonne et l'école déverse son flot d'élèves piailleurs. Madame

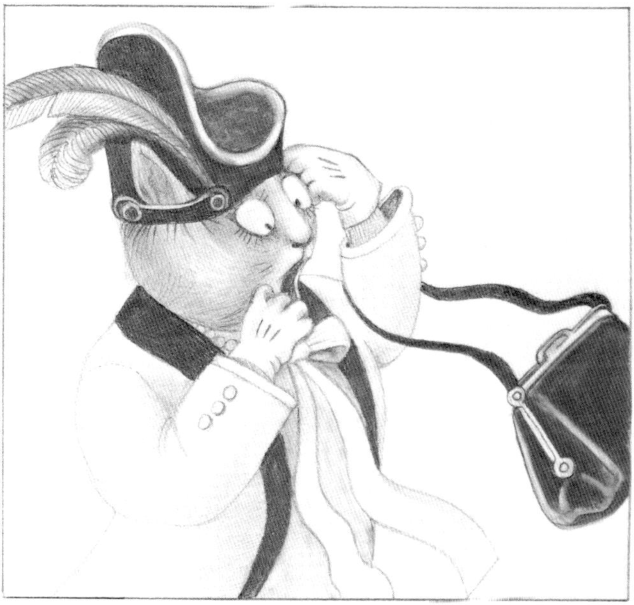

Chattemite cherche son fils dans cette ruée violente. Une tête bandée émerge de la vague.

– Jo, mon enfant, mon fils ! crie la pauvre mère.

Elle a le souffle coupé en voyant son fils blessé. Tremblante, aveuglée par les larmes, elle l'arrache à la foule et l'entraîne dans un torrent de baisers.

– Mon petit tigre en sucre, qu'est-ce qu'ils t'ont fait ? Vite, un médecin ! À l'hôpital ! s'écrie-t-elle. Taxi ! Taxi !

Jo a honte. D'un geste brusque, il se libère et crie :

– Ne m'embrasse pas devant tout le monde. Des baisers, toujours des baisers ! Je déteste ça, je n'en veux pas.

Des baisers pour dire bonjour,
des baisers pour dire bonsoir,
des baisers pour dire merci,
des baisers pour embrasser,
des baisers pour dire pardon,
des baisers l'été,
des baisers l'hiver,
des baisers humides,
des baisers poisseux,
toujours des baisers !

Et Jo se dirige vers le bord du trottoir.

Madame Chattemite ne sait que dire, ni que faire. Pour une fois, elle voudrait être une souris et courir vers le trou le plus proche pour s'y cacher.

Le taxi qu'elle a appelé attend contre le trottoir.

– Ce n'est pas une façon de parler à votre mère, dit le chauffeur. Vous devriez avoir honte !

– Oh oui ! c'est bien vrai ! s'exclame Madame Chattemite et, dans une brusque explosion de colère, elle s'avance, et, pif-paf, elle gifle son fils sans dire un mot.

Elle le fait monter dans le taxi et donne au chauffeur l'adresse de Zeldina. Jo n'avait jamais été giflé par sa mère. Tous les deux, renfrognés, roulent sans s'adresser la parole.

Le déjeuner chez Zeldina n'en finit pas et n'a aucun attrait. Madame Chattemite et Jo regrettent ce qui s'est passé. Mais aucun ne trouve quoi que ce soit à dire. Jo touche à peine à sa cocotte de tripes de taupe. Sa mère commande seulement une tasse de thé. Et, quand arrive le moment de retourner à l'école, Jo se lève et sort du restaurant sans dire au revoir à personne.

À l'école, personne ne parle de l'incident du matin. Et si Jo n'avait pas aussi mal à l'oreille, il semblerait que rien ne se soit produit.

À la récréation, Jo va à son casier et en sort deux boules puantes, une fronde ultrarapide, et tout un assortiment de pétards. Puis, il appelle ses copains et dit :

– J'ai besoin d'argent ; tout ça est à vendre.

Les échanges ne traînent pas, car les pétards sont difficiles à trouver, et personne ne sait fabriquer les boules puantes comme Jo.

Un quart d'heure avant la fin de la classe, Jo lève la main.

– Mademoiselle, voulez-vous me permettre de sortir ?

– Oui, répond la maîtresse, et j'espère que ça ira mieux demain.

Jo court chez un fleuriste, quelques maisons plus loin.

– Je voudrais quelques-unes de ces roses jaunes, dit-il, en posant toute sa

monnaie sur le comptoir. Il repart à temps pour attraper l'autobus, en tenant les roses cachées sous son manteau.

À la maison, Jo trouve sa mère occupée à écailler des sardines sur la table de la cuisine.

– Bonjour, Jo ! dit-elle d'un air engageant, en essayant de sourire.

– Bonjour ! répond Jo. Il sort le bouquet et le pose sur la table, devant sa mère.

– Oh, qu'elles sont belles ! s'exclame-t-elle. Quelle surprise ! Sont-elles pour moi ?

– Oui, répond Jo, à condition que tu ne m'embrasses pas pour me remercier.

– Si tu y tiens, je vais essayer, dit Madame Chattemite.

– Eh bien ! essaie, dit Jo, en lui rendant son sourire. Et il ajoute :

– Pas de baiser pour le fils ; pas de baiser pour Maman.